Couvertures supérieure et inférieure
manquantes

UNE

FÊTE MARSEILLAISE

ET UN

GENTLEMAN-RIDER

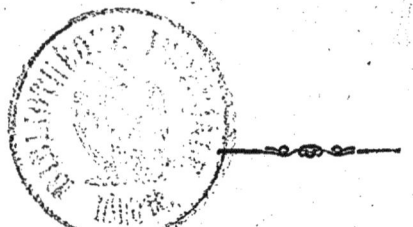

Se vend au profit des Pauvres

MARSEILLE
BELLUE, LIBRAIRE-ÉDITEUR
1, Rue Thiars, 1

1868.

UNE FÊTE MARSEILLAISE
ET UN GENTLEMAN-RIDER.

Lorsque dans la société actuelle tout tend à se transformer; lorsque à travers tous les phénomènes du progrès, de la vapeur, de l'industrie et des arts, il survient des événements et des types nouveaux, des retours vers les vieux temps et des essais vers leur résurrection, pourrait-on s'étonner de voir se recueillir quelque austère penseur? De le surprendre dans ses recueillements et de relever ce qu'il peut y avoir de significatif dans ses prévisions sur les mouvements ascendants et descendants des mœurs et des usages dont les uns arrivent sur la scène et les autres en disparaissent?

Si l'on se souvenait encore, à Marseille, de cette ignoble promenade d'Arenc, où toute la ville, il n'y a pas plus de cinquante ans, accourait sur une aride plage pour voir jeter à la mer les plus hideux résidus du carnaval! et que maintenant on reportât les yeux sur cette belle avenue du Prado, sur l'hippodrome du Château Borély, on éprouverait certainement autant d'étonnement que de surprise, car on pourrait aller jusqu'à penser que la distance des temps est moins grande que la transformation des habitudes et des goûts.

Ne se demanderait-on pas alors pourquoi, l'autre jour, en fête de charité, l'on s'est arrêté en grande ville, au milieu de ces belles places, lorsqu'au contraire on pouvait si bien et beaucoup mieux réjouir le peuple en l'attirant au dehors, tout le long de cette nouvelle promenade qui conduit si naturellement au plus splendide des spectacles méridionaux,

On peut se demander, en outre, comment au dix-neuvième siècle, déjà si brillant d'héroïsme et si riche en lumières, on va chercher à raviver des souvenirs qui n'ont presque plus d'intérêt qu'aux yeux des chroniqueurs ou des esprits attardés?

Cette entrée de François Ier, parodiée de nos jours avec autant de recherche et de solennité, pouvait-elle être mise en parallèle avec ces émotions de plaisir et de joie que donnent les courses à toutes les classes de la société?

Quelle satisfaction, si ce n'est une curiosité contagieuse et banale, auront donc pu éprouver, sans trop s'en rendre compte, tant d'assistants ahuris, devant des costumes qui ne sont plus, aujourd'hui, que ceux des théâtres et des acteurs gagés?

Pourquoi chercher à replacer dans les rues ce qui ne peut plus avoir quelque intérêt que dans les salons du grand monde, où l'on sait vivre encore du souvenir des aïeux?

Quels avantages ont pu retirer de la fête actuelle les étrangers et les habitants des bastides à voir briller les oripeaux et tout l'éclat du faux or qu'on ne reverra plus, et qui ne peut rien laisser de satisfaisant dans l'esprit d'aucuns?

Quel honneur même pourront aussi retirer ces anciennes familles, dont quelques descendants portent des noms historiques, mais se montrent, aujourd'hui, sans attributs de puissance actuelle, ni peut-être même sans quelque haut crédit bien établi et non contesté?

Sur l'hippodrome, au contraire, l'homme et le cheval viennent démontrer à tous les regards la plus belle conquête de la puissance humaine et la plus grande utilité de la force animale.

Ce nouveau spectacle est celui qui, très-heureusement, plaît le plus et convient le mieux aux populations modernes, voulant sincèrement que leurs plaisirs soient maintenant dirigés vers le plus noble exercice, celui d'une récréation agréable à tous, aux plus opulents comme aux pauvres, aux plus habiles comme aux ineptes.

Le turf est, aujourd'hui, ce vrai terrain sur lequel l'ancienne et la nouvelle aristocratie, tout gentleman-rider, savent conserver et faire revivre leurs titres nouveaux et leurs anciennes origines.

C'est là, que le vrai livre d'or ne se ferme jamais, qu'il s'ouvre sans cesse aux plus dignes de toutes les classes, non sans discernement, ni sans preuve.

Ce devait être sur ce magnifique hippodrome, sur les bords de notre belle mer, au pied des agrestes collines qui s'inclinent et disparaissent sous les eaux, qu'il fallait donner la véritable fête de charité : là, elle aurait doublé et triplé la cueillette faite en ville; peut-être eût-elle été décuplée d'après les sommes qu'ont relevées les chroniques locales.

Ainsi, par exemple, si sur les 80,000 francs énoncés tout d'abord, la recette du Château Borély a été d'environ 25,000 francs et que celle de la place Saint-Ferréol ne se soit élevée que de 8 à 10,000 francs, on peut facilement juger tout ce qui aurait pu être recueilli à la suite de ces brillants exercices auxquels chacun apporte si volontiers les plus vives sympathies.

Oui, c'est là, oui, ce n'est que là, que les véritables organisateurs, acteurs, spectateurs et tous turfistes auraient à l'envie rivalisé de générosité et de zèle.

Et même du Jockey-Club de Paris, de toutes les sociétés d'encouragement, n'aurait-on pas aussi voulu faire honneur à la grande cité du plus bel hippodrome occidental et du plus riche commerce oriental. De toutes parts, des coursiers renommés auraient été conduits sur le nouveau turf de la charité publique.

Si les prix n'avaient point été versés totalement dans la caisse ouverte à la bienfaisance, on n'en aurait certainement retenu que les frais indispensables de déplacement.

Ce simple aperçu, tout ce que laissent entrevoir les nobles aspirations de l'invention moderne, et les élans de tous les gentlemen-riders, associés à l'évènement hippique, ne peuvent inspirer que bien des regrets sur ce qui s'est fait avec tant d'inconsidération et d'imprévoyance, alors que la prévoyance la plus vulgaire indiquait la destination du spectacle le plus populaire et le plus naturel.

Que pouvait gagner, en effet, ce jeune marseillais, travesti en roi, faisant son entrée à Marseille, il y a trois cent trente-cinq ans, et oubliant même de se faire créer publiquement chevalier, par le chevalier Bayard?

Hélas! lorsque ce roi demande à son fou qui le précède et qui, la marotte en main, avec son costume mi-jaune et vert, égaie la foule par ses lazzis et sa joyeuse humeur, le vrai triomphateur carnavalesque répond, comme on l'a si spirituellement recueilli : *tu vois bien qu'ils sont fous, et que leur roi véritable c'est moi!*

Certainement ne gagnaient pas davantage les fils des plus anciennes familles de Provence, car ils n'ont certes pas besoin de rappeler leurs titres en se montrant sous les costumes de leurs ancêtres.

Ne vaudrait-il pas mieux se souvenir qu'au dernier siége de Sébastopol, un Pontevès, général si digne des regrets de l'armée et de sa famille, succombait des premiers à la tête de sa brigade, et que naguère encore, et sous nos yeux, un jeune Sabran-Pontevès, donnait 40,000 francs pour l'équipement des zouaves pontificaux.

Lorsque ces anciennes familles sont si fidèles à leurs croyances et à leurs origines, elles devraient se soustraire à toutes démonstrations vulgaires, qui n'inspirent rien de bon, ni rien d'utile à un peuple qui a besoin d'autres enseignements que ceux qu'on prétend lui donner par des directions si peu éclairées et si frivoles.

Le peuple veut plus sérieusement qu'on ne le croit, un présent et un avenir où tout honnête homme se sente en pleine possession de sa dignité personnelle.

Une autre fois, les courses de printemps étaient totalement supprimées. Naguère, en notre grande cité, on ne voulut émouvoir que d'un côté ; on voulut qu'une inauguration de chapelle élevée et célèbre, aussi préconisée au dehors qu'au dedans, en deça comme en delà des monts, fut l'événement d'un temps dont on cherchait ainsi à renouveler l'ardeur et à relever la puissance.

Un maire, choisi parmi les avoués pour remplacer un avocat, indiquait assez qu'on voulait remplacer l'indépendance des barreaux par la dépendance des ministériels. Ce maire, qui n'en succomba pas moins à la tâche, laissa suivre et suivit lui-même le courant établi ; il est vrai qu'il reçut dans le cercueil ces honneurs dont le pouvoir est, aujourd'hui, si prodigue aux siens, mais que ne ratifient pas toujours des administrés qui se ravisent et qui n'apprécient qu'un désintéressement complet et un dévoûment exclusif et entier à des fonctions mieux comprises.

Plus loin, et bien loin, la noblesse et le pouvoir ont d'autres traditions pour la conservation de leurs influences et pour le prestige des exemples qu'ils savent donner au peuple.

Lorsqu'on a dit que dans un pays le ministre dirigeant préférait le premier prix aux courses que le premier rang dans les affaires de son pays, on n'a voulu faire injure ni à l'homme politique le plus éminent, ni au gentleman-rider le plus renommé, mais exprimer seulement jusqu'où peut aller le délire de tout fanatisme national.

Le comte Derby, dès sa brillante jeunesse, a donné son nom dans les plus grands exercices des turfs, comme il laisse actuellement, dans l'âge et les souffrances, tant de regrets après les luttes politiques et électorales qui viennent de calmer son pays.

La liste de ceux qui sont couronnés à ces grandes courses et qui représente toutes les notabilités aristocratiques et opulentes, équestres et pédestres de l'Angleterre, continue d'avoir à sa tête ce premier gentleman-rider dont la noblesse, les talents et les goûts n'en remontent pas moins au 27 octobre 1485.

Le souverain qui faisait son entrée à Marseille le 8 octobre 1833 n'en représentait pas moins aussi, sur le trône, la famille la plus ancienne de France et peut-être de l'Europe entière.

Là, une noblesse toujours à cheval, en avant des lumières et des progrès, a su se conserver des sympathies populaires qui ne faillissent jamais à ceux qui savent ressentir à leur tour les bonnes sympathies aristocratiques. Ce qui veut dire que les uns et les autres se retrouvent et se reconnaissent sans cesse avec autant d'attachement pour leurs institutions que pour leurs chevaux. Ce qui devrait dire et faire regretter qu'ici, à l'occasion de la fête de charité du jour et de la procession de la veille, maire et conseil, courses et coursiers, hippodrome et gentleman-riders ne soient pas encore les seuls et véritables maîtres du terrain et des cœurs marseillais.

En attendant, chez nous, nous n'en applaudissons pas moins et toujours plus volontiers, sans aucune envie ni aucun sentiment de jalousie, tant aux succès des comtes de Lagrange et de Dampierre, qu'avec tout l'orgueil provençal à ceux des Beauregard et des Fonscolombe.

Nous allons même plus loin ; ici, comme à Paris et comme partout, qui donc oublierait jamais, que c'est, en 1836, aux nobles inspirations de lord Seymour, en 1838, sur l'initiative du duc d'Orléans que se créaient déjà ces prix du Jokey-Club si disputés et si excitants pour l'avenir hippique !

Mais pourquoi répudier le meilleur des héritages, sans façon et par trop d'abandon ? Pourquoi le mettre ainsi au service de la charité publique, et dans une ville marchande faire donner à ses plaisirs la qualification de *fête d'épiciers ?*

Qu'on ne s'y trompe plus, qu'on ne recule devant une qualification qui s'est répétée plus qu'on ne le pense ; quelque élevés qu'ils soient, il est des sentiments qui ne portent au mépris d'aucune classe de la société, qui tiennent même à honneur de favoriser tout ce qui peut se produire de profitable et d'utile, de charitable et de généreux dans quelque lieu et de la part de qui que ce soit.

Mais lorsqu'on a revu, en place Saint-Ferréol, ces pitoyables divertissements *deïs chivaoux frux*, encore répétés de nos jours devant le souverain de jours si vieux et si oubliés dans les masses, il est bien permis, à son tour, non de déchirer de tels voiles, mais de les faire disparaître une fois pour toutes ; de dévoiler au contraire ce qu'il faut relever à jamais, encourager sans cesse pour faire triompher partout les courses et le gentleman-rider.

§ II.

S'il était vrai que même les expressions d'écuyer, de cavalier, n'ont plus parmi nous leur signification primitive, n'est-il pas permis de s'apercevoir et de désigner quelle serait l'individualité dans laquelle viendraient se résumer bien des vieux temps et tant de physionomies oubliées ?

Jadis, le cavalier n'était que l'homme à cheval, bien monté, se servant au mieux de sa bête, ce qui faisait alors attribuer ce titre de beau cavalier qui toutefois ne voulait dire que la bonne grâce de l'homme à cheval. Il y avait aussi dans ces temps de gaillardise française des gens à pied qui avaient par trop cet air cavalier représentant assez l'air libre et dégagé d'une ancienne époque qui ne passe pas trop.

Le chevalier, qui ne représentait à son tour que l'état, la dignité ou un ordre de chevalerie, ne se prévaut plus aujourd'hui que d'une distinction qui se lit à la boutonnière de l'habit et qui n'est guère plus qu'un complément obligé de toilette et de mode.

Mais le gentleman-rider est, de nos jours, un tout autre personnage qui vient prendre place partout, en plein air et en ville, aux champs et aux courses, partout enfin où il y a bonne place pour l'homme de distinction nouvelle, non contestée, autorisée par chacun et s'autorisant elle-même :

The gentleman-rider, is a man of birth, a man of extraction, though not noble.

De ces jours donc, quoique non noble, lorsqu'on appartient à bonne race (1) et qu'on se met au-dessus du vulgaire par son caractère ou sa position, on mérite cette qualification de politesse qui donne rang dans le meilleur des meilleurs mondes possibles.

Au dessus de cette société nouvelle, s'élève en conséquence cet homme nouveau, dominant ses semblables comme dominent à cheval et sur le champ de bataille ces généraux, illustres guerriers, à la tête de l'infanterie et de tous les corps de l'armée.

Qu'on ne croie pas cependant que ce gentleman-rider qui parcourt les grandes rues des villes, les chemins de son bourg et tous les sentiers des champs se prélasse, caracole et galope aujourd'hui comme ceux qui, dans nos promenades publiques, n'ont que l'envie et n'éprouvent que le besoin de se montrer. Il fait, lui, son exercice hippique et hygiénique, philosophique et politique, rêvant en plein air ses projets parlementaires, judiciaires et tout ce qui peut enfin chasser partout l'air impur et malsain.

Peut-être notre moraliste aixois, l'illustre Vauvenargues, n'a-t-il pas tout dit en écrivant que « les grandes pensées viennent du cœur. » Ce qui pourrait se hasarder après lui, ne serait-ce pas que les pensées bonnes et utiles qui ne sont plus, il est vrai, de ces grandes pensées si rares, *hic et nunc*, ne sont certainement jamais mieux inspirées ni peut-être plus excitées que lorsqu'un beau coursier donne au corps de merveilleuses et bienfaisantes réactions.

Voyez le gentleman-rider, dans la plupart de ses rencontres, il aura toujours un à propos, cette expression significative et juste avec l'interlocuteur qui se présente, qui vient à sa rencontre ou devant lequel il s'approche lui-même, qui rappelle, plus souvent sur les voies publiques, ces généreuses dispo-

---

(1) A man raised above the vulgar by his character or post; a term of complaisance; the servant that waits about the person of a man of rank; it is used of any man however high.

sitions de la loi Grammont : partout, il cherchera à adoucir ce caractère si dur du charretier provençal, dont on a dit que dans l'échelle des êtres cet homme ne devait être placé qu'après son mulet.

Lorsque des tas de fumiers ont séjourné des semaines entières sur les terres qu'ils doivent féconder, il démontre la nécessité de les enfouir. Plus tard, il insiste sur ses exhortations cordiales et toutes désintéressées. On l'a même entendu en venir aux menaces de la cravache et de la prison : et la femme et les enfants excusant alors en riant leur chef, se mettre à l'instant en devoir de suivre eux-mêmes les avis d'un bon voisin.

Lord Seymour, cet idole des Parisiens, s'était une fois colleté au coin de la rue de la paix et du Boulevard avec deux individus qui insultaient une vieille marchande et les avait étendus sur le carreau, aux applaudissements de la foule : la marchande de pain d'épices était un symbole ; elle représentait le sexe faible. Le gentleman était un autre symbole assez rare dans une autre race.

Souvent encore, dans des lieux où le cheval ne passe pas, il trouve le moyen de se dérober sans déranger même ni procession ni aucune cérémonie religieuse. Avant l'arrivée des files nombreuses de pénitents et pénitentes, de capucins et capucines, après les plus grandes et les plus belles cérémonies de l'église, le gentleman-rider a tout examiné et tout vu ; il n'a distrait aucun des assistants ; il a pu trouver passage derrière et après tout le monde.

Et s'il était vrai que ce gentleman-rider eût porté l'hermine et que, chef du ministère public en cour souveraine, lui et son parquet n'eussent jamais paru en cérémonies pareilles, les uns et les autres pouvaient se rendre la justice de n'avoir encore failli à la conscience ni à pied ni à cheval.

Ce chef n'en respectait pas moins la conscience publique et ses collègues ; il requérait lui-même la force armée qui sert de garde d'honneur à tout corps judiciaire : en telle scission, entre inamovibles et amovibles, il était donné un exemple assez résolu et patent de tolérance religieuse et d'indépendance magistrale qui n'était pas tout à fait sans efficacité dans des temps d'hésitation et d'incertitude.

Il n'y a certes aucun mérite de voir les passants s'arrêter devant tout enterrement. Le gentleman-rider descend de cheval à toute rencontre, et s'associe aux honneurs funèbres, en se découvrant lui-même jusqu'à ce que le cortége ait entièrement passé.

Il n'en sera pas autrement, au milieu de ces fêtes de charité, qu'une grande ville veut donner en retraçant la réception faite à un souverain avec tous les représentants de sa Cour. Si l'on a pu oublier la vraie chevalerie conférée au vrai roi chevalier, par le premier chevalier de France, il serait bien de rappeler à notre tour que lorsqu'un gentleman-rider paraît, aujourd'hui, à nos plus belles courses et partout, chacun le reconnaît, l'entoure et sympathise au mieux avec lui.

Un jour, dans cette belle saison de printemps et par ce doux ciel si rare en Provence et qui répand cette bienfaisante ondée venant féconder les graminées et les racines, abattre la poussière et raffermir le turf, le gentleman-rider va faire son apparition à ces brillantes luttes qui attirent à l'hippodrome, et, par centaines de mille, les flots de la population marseillaise. En face du Château Borély, il laisse à gauche la plus belle avenue de ces lieux et file droit vers la mer.

Lorsque la pluie va redoubler, on ne doit craindre ni l'eau du ciel, ni l'eau de la mer. Parvenu aux bouches de l'Huveaune, le gentleman franchit le fleuve, et son cheval sait braver les flots.

Tout près de la plage, ce n'étaient point des trirèmes qui venaient de quitter le port voisin pour regagner les bords d'Ionie, c'étaient deux bateaux à hélice qui, prenant par derrière tous les amphithéâtres du cirque, avec un vent propice et à toute vapeur, amenaient les amateurs de la mer et du sport. Ils allaient toucher au rivage; au milieu d'eux, ils avaient déjà donné place au centaure et cet *hippocampus*, ce vrai cheval marin, surmonté de son Neptune, paraissait venir du Parnasse.

Les descendants des Phocéens savent mieux qu'ailleurs qu'Homère a chanté sur sa lyre les louanges du cheval; dans ses poèmes immortels comme l'écrivent tous les turfistes du jour, Homère raconte les combats fameux de ces guerriers qui semaient sur leurs passages l'épouvante et la mort.

Tous les anciens peuples et les arabes eux-mêmes ont leurs traditions de ces chevaux du Caucase, des fameux coursiers de Rhésus, de ceux de Thessalie, patrie de Centaure, des chevaux d'Enée et de ceux du bouillant Achille. Il n'en est aucun dont l'origine et la destination du cheval ne soient entourées d'accidents merveilleux.

Quelque étrange et merveilleuse que soit cette apparition nouvelle, ce coursier quitte les flots; il s'élance au rivage, et le gentleman ne sera point arrêté par les barrières à triple enceinte; que, par trois fois, son coursier franchit comme aux courses des haies et aux steeples-chases militaires.

Il se présente au poteau: la cloche a sonné et les chevaux sont placés au départ dont on va donner le signal.

Le gentleman qui arrive comme s'il venait, ainsi trempé, de faire trois fois le tour de l'hippodrome, se distance au petit galop et à quelque cent mètres attend les engagés. Il continue à fournir la piste et toujours à la distance obligée, avec un coursier si dispos et si frais, il vient évidemment passer le premier devant les tribunes et reçoit plus d'applaudissements que va n'en recevoir celui qui aura remporté la victoire.

Il faut se taire devant de si doux souvenirs, ne pas insister parce qu'on finirait par croire à des rêves.

Ce qui, certes, ne fera point rêver ceux qui vont apparaître au revers de la médaille, c'est qu'ils ont déjà apparu et subi le châtiment de la cravache ou de la mercuriale.

Pendant qu'un maire, toujours plus autoritaire, prenait en cérémonie funèbre la place qu'il aurait dû refuser, s'il y eut retenue devant un cercueil, il n'y en eut pas moins le lendemain remontrance écrite, qui fut refusée en presse rémunérée. Mais le lendemain, le journaliste des judiciaires se cachait au fond de sa boutique, lorsque le gentleman-rider passait devant pour aviser du gros bout de sa cravache.

Une autre fois, avis pareil était publiquement adressé à un membre de la Cour, fuyant devant le bâton.

Qui pourrait être étonné que sur le turf électoral il n'y ait eu cette même attitude de country-gentleman qui, du chef-lieu de son canton, signalait au ministre de la justice et à toutes les autorités du pays, un de ces tours de passe-passe qui ne sont ni tours d'adresse et d'audace, ni rien qui soit digne des vainqueurs et des vaincus.

« Cependant c'était à cheval et en vrai gentleman, disait-
« il alors, que le 24 juin 1866, nous ne nous montrions ainsi
« sur la place publique qu'une heure avant l'ouverture du scru-
« tin et qu'entouré de compatriotes et d'amis, nous invoquions
« le droit de nationalité en nous écriant qu'il fallait repousser
« l'étranger du canton comme il fallait repousser les Autri-
« chiens au delà du Mincio et de la Vénétie. »

Pas plus heureux qu'hier sur cette élection ainsi dérobée, le gentleman-rider n'en sera pas moins aujourd'hui à cheval devant les fêtes marseillaises comme il le sera demain en champ clos devant tous ceux qui se présenteront manquant aux lois et aux bienséances publiques.

§ 3

En le prenant sur ce ton, un vrai gentleman-rider ne craint pas d'être ébranlé ni même désarçonné par quelque attaque de de presse que ce soit, par la raillerie et le sarcasme, et tous les ridicules qu'appréhendent tant les Français.

Il lit à l'heure même tout ce que prononcent dans les plus nombreux meetings de l'Angleterre, les orateurs les plus distingués, les grands hommes politiques les plus accrédités sur cette immense question que l'Angleterre a encore à résoudre pour pacifier l'Irlande. (1)

L'Angleterre, après avoir vaincu les deux plus grandes puissances du monde, va, se repliant sur elle-même, sonder de nouveau la grande plaie qui la tourmente et, pour la cicatriser, invoquer ce souverain remède à tous les maux de l'humanité la Justice, toute la Justice et rien que la Justice !

15 Avril 1868.

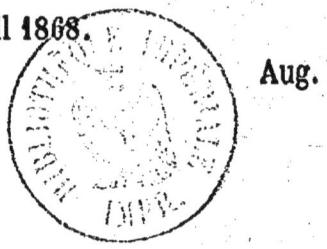

Aug. DELEUIL

---

(1) Le comte Russel et sir Gladstone, le premier ministre Disraëli et ce noble lord Cranbourne qui succède, à l'heure qu'il est, plus par son talent et ses écrits que par sa naissance au marquis de Salisbury.

Marseille.— Imp. Samat.

www.ingramcontent.com/pod-product-compliance
Lightning Source LLC
Chambersburg PA
CBHW061617040426
42450CB00010B/2531